LA RESISTENCIA 1939-1945

El combate para preservar la libertad

Por Stéphanie Simmonet
Traducido por Laura Bernal Martín

Historia · en50MINUTOS.es

LA RESISTENCIA DURANTE LA SEGUNDA GUERRA MUNDIAL

- **¿Cuándo?** De 1939 a 1945
- **¿Dónde?** En casi toda Europa.
- **¿Contexto?** La Segunda Guerra Mundial y la ocupación alemana
- **¿Principales protagonistas?**
  - Charles de Gaulle, general y hombre de Estado francés (1890-1970)
  - Jean Moulin, hombre político y resistente francés (1899-1943)
  - Witold Pilecki, militar y resistente polaco (1901-1948)
  - Libertas Schulze-Boysen, periodista y resistente alemana (1913-1942)
- **¿Repercusiones?** Aunque la Resistencia contribuye al éxito de distintas acciones realizadas por los Aliados para liberar a Europa de los invasores nazis, el resultado es bastante moderado si se compara con las pérdidas, extremadamente altas.

Describir este movimiento no puede ser más complejo, puesto que implica colocar bajo la misma bandera a un guerrillero, a un repartidor de prensa clandestina, a un saboteador gaullista y a una monja que esconde a niños judíos en su convento. De hecho, definir la Resistencia es un ejercicio arriesgado en la medida en que los compromisos y las experiencias vividas son muy variadas en la Europa ocupada por los alemanes entre 1939 y 1945. Para el historiador François Bédarida (1926-2001), se trata de «una acción clandestina emprendida en nombre de la libertad de la nación y la dignidad humana por voluntarios que se organizan para luchar contra la dominación [...] de su país por un régimen nazi o fascista»[1] (Bédarida 1986). Esta definición tiene el mérito de destacar la naturaleza plural del fenómeno. Pero, ¿por qué estos voluntarios deciden participar en la Resistencia? ¿Quiénes son? ¿Cómo se involucran y cuáles son las consecuencias de sus actos?

---

1. Cita traducida por 50Minutos.es

CONTEXTO

LOS INICIOS DE LA SEGUNDA GUERRA MUNDIAL

El conflicto comienza el 1 de septiembre de 1939, tras la invasión de Polonia por Alemania. Este evento provoca la entrada en guerra de Francia y de Reino Unido contra los países del Eje (la Alemania nazi, la Italia fascista y, a partir del 27 de septiembre de 1940, el Imperio de Japón), aplicando un tratado militar de asistencia mutua firmado con Polonia en 1921. Durante los años posteriores, Alemania, que multiplica las victorias sobre los Aliados, parece invencible: en abril de 1940, Dinamarca y Noruega son invadidas; en mayo, es el turno de Luxemburgo, de Bélgica y de los Países Bajos; en junio, el ejército francés es aplastado por la Wehrmacht (ejército alemán); y en septiembre de 1940 y, posteriormente, en abril de 1941, Hitler (1889-1945) invade Egipto, Yugoslavia y Grecia para prestar asistencia a la Italia de Mussolini, que estaba fracasando en estas zonas. En junio, es la Unión Soviética la que es atacada, a pesar de que hasta entonces se había salvado gracias al Pacto Molotov-Ribbentrop (acuerdos entre el III Reich y la URSS de Stalin sobre la neutralidad en caso de conflicto entre las dos partes y las potencias occidentales).

Foto de tropas alemanas entrando en Praga en 1939.

Los historiadores sostienen que son tres grandes causas las que se encuentran en el origen de este conflicto. Por una parte, la insatisfactoria regulación de la Primera Guerra Mundial (1914-1918) mediante los tratados de paz, y sobre todo el de Versalles, que provoca rencor, frustraciones y deseos de reconquista tanto en los vencidos como en algunos vencedores. Por otra parte, las consecuencias de la crisis de 1929 en las frágiles economías de los antiguos beligerantes de la Gran Guerra: el desempleo y la recesión facilitan la llegada al poder de los nacionalistas fascistas (Italia) y de los nazis (Alemania), que aplican políticas de armamento para tratar de salir de la depresión en la que está inmersa su país. En último lugar, las ideologías alegadas por estos Estados totalitarios se oponen totalmente a las democracias aliadas, que temen los efectos de las ambiciones expansionistas y hegemónicas que animan a Alemania y a Italia.

El 28 de junio de 1919, a la salida de la Primera Guerra Mundial, Alemania y los Aliados firman el Tratado de Versalles. Este es muy criticado por los contemporáneos, y de hecho los Estados Unidos no lo ratifican. Las cláusulas previstas, en efecto, son demasiado severas con los perdedores, lo que exacerba aún más su rencor. Alemania se siente particularmente humillada, sobre todo teniendo en cuenta que ni siquiera la invitan a las conferencias para preparar la paz.

Este tratado, calificado de *Diktat* por los alemanes, los convierte en los únicos responsables del conflicto y les impone el pago de 132 mil millones de marcos de oro a Francia y a Bélgica a título de reparaciones. Además, el país pierde 68 000 kilómetros cuadrados de su territorio, incluyendo Alsacia y Lorena (anexionada en 1870), una parte de Prusia Oriental que se fracciona a favor de Polonia, que logra así acceso al mar por el corredor de Danzig, y todas sus colonias en África. También se destruye su poder militar.

Sin embargo no es la única nación herida por el tratado de Versalles. Italia, que se encuentra en el bando de los vencedores, habla de una «victoria mutilada», y no recibe los territorios prometidos en los acuerdos de Londres en 1915 (Istria oriental y Dalmacia).

LOS PRIMEROS PASOS DE LA RESISTENCIA

En Varsovia, el 27 de septiembre de 1939, 26 días después de la invasión de Polonia por la Wehrmacht, el ejército polaco es derrotado. En respuesta a la gran brutalidad demostrada por los ocupantes alemanes, el general Michal Karaszewicz-Tokarzewski (1893-1964) crea un ejército clandestino, el esbozo de lo que más adelante se convertirá en el Armia Krajowa («Ejército Nacional»), el 14 de febrero de 1942. Es el brazo armado del Gobierno de la República de Polonia exiliado en Francia, y su principal objetivo es liberar al país preparando un levantamiento nacional en conexión con las acciones de los Aliados.

¿SABÍAS QUE...?

El ejército polaco es la mayor organización de resistencia clandestina durante la Segunda Guerra Mundial. Proporciona a los Aliados información vital sobre el frente del Este y sobre las armas secretas alemanas. También organiza la resistencia en el terreno. Destacan sus numerosos sabotajes y la destrucción de trenes de suministro y de centros de enlace alemanes.

Unos meses más tarde, el 18 de junio de 1940, a miles de kilómetros de distancia, en el frente occidental, el general Charles de Gaulle se encuentra en las instalaciones de la BBC para grabar su mensaje dirigido a la nación francesa. En un tono solemne, llama a los franceses a continuar la lucha contra el enemigo alemán: «Pase lo que pase, la llama de la resistencia francesa no debe apagarse, y no se apagará jamás» (Jiménez Barca, 2007). Pero aunque la mitad de los hogares dispone de una radio, solo una parte de la población logra escuchar el mensaje del 18 de junio, ya que la otra parte está sumida en el caos del éxodo. Con todo, el boca a boca funciona y varios periódicos publican al día siguiente extractos del llamamiento, que volverá a estar en el aire el 19 y el 22 de junio.

El llamamiento del 18 de junio.

Pero la confusión reina en el país. Dos días antes, el 16 de junio, el mariscal Pétain (1856-1951), gran vencedor de la batalla de Verdún (21 de febrero-19 de diciembre de 1916), toma el poder y propone la firma de un armisticio con la Alemania hitleriana. En la primavera de 1940, Francia está acorralada: la Wehrmacht está en el Loira y entre siete y ocho millones de franceses se lanzan a la carretera en dirección al sur para huir del avance alemán, seguidos por los militares derrotados y sin mando.

UNA EUROPA BAJO LA OCUPACIÓN ALEMANA

El 1941, con la invasión de los Balcanes y de la Unión Soviética, casi toda Europa está bajo el dominio alemán y, por lo tanto, está obligada a poner sus recursos humanos y sus capacidades económicas a disposición del III Reich para apoyar el esfuerzo de guerra. La situación de los países ocupados difiere significativamente según los objetivos perseguidos por los nazis, cuyos proyectos se basan en gran parte en la ideología racista desarrollada por Hitler.

La ideología hitleriana

Los principios fundamentales de la ideología nazi anunciados por Hitler en su libro *Mein Kampf* (*Mi lucha*), publicado en 1925-1926, están basados en su lema «*Ein Volk, ein Reich, ein Führer*» («Un pueblo, un imperio, un líder»). El pueblo alemán, al que Hitler considera superior, descendería de los arios y se encontraría, por lo tanto, en la cumbre de la clasificación de las razas. Este debe reunirse en torno a su líder, Hitler, para asegurar su dominio sobre los otros pueblos, que son considerados inferiores, y conquistar un espacio a su medida, el *Lebensraum* («espacio vital»). En esta clasificación aparecen los judíos y los eslavos en la categoría de los *untermenschen* («subhumanos»), destinados a ser eliminados o reducidos a la esclavitud.

El Führer considera que los países dominados que se encuentran al este forman parte de este espacio vital alemán, y hay que «vaciarlos» de su población con el fin de establecer colonos. En Polonia, en Yugoslavia y en la URSS, las masacres en masa y los saqueos tienen lugar ya en los primeros días de la invasión. A menudo se deporta a las poblaciones, que se ven expropiadas de sus tierras a favor de los alemanes. En septiembre de 1939, los Einsatzgruppen («grupos de intervención») asesinan a 20 000 personas en Polonia. En junio de 1941, las SS (SchutzStaffel, «escuadras de defensa») confiscan 600 000 hectáreas en la URSS, y más de 2 millones de civiles son transferidos a la fuerza a Alemania y colocados en campos de trabajo, donde las condiciones de vida son extremadamente difíciles.

Al oeste, por el contrario, los nazis no siguen la lógica del exterminio, sino que saquean distintas regiones y dan pie al terror. Cuando conquistan un país, los ocupantes toman un botín de guerra. Así pues, en Noruega, en Bélgica, en los Países Bajos y en Francia, los ejércitos están obligados a entregarle a la Wehrmacht armas, municiones, medios de transporte y fortificaciones. Los países también están sujetos a los costes de la ocupación, que representa para Francia 400 millones de francos al día.

Pero el robo no es solo financiero, sino también humano. Entre 1939 y 1945, unos 400 000 belgas y 650 000 franceses son reclutados como parte del servicio de trabajo obligatorio y transferidos a Alemania para trabajar en fábricas y granjas, además de los prisioneros de guerra (unos 2 millones de hombres). Como resultado, la vida cotidiana de los europeos occidentales está marcada por la escasez de mano de obra. A esto se le suma la falta de productos indispensables (alimentos, combustible, textiles, productos para el hogar, etc.). En el período comprendido entre junio de 1940 y junio de 1944, las requisiciones alemanas en Francia ascienden a 2,8 millones de toneladas de trigo (la mitad de una cosecha anual), 845 000 toneladas de carne (o lo que es lo mismo, más que lo que consumen 40 millones de franceses a lo largo del año 1941), 711 000 toneladas de patatas y 220 millones de huevos.

Además, la mayoría de los países ocupados se ven obligados a establecer un sistema de racionamiento. Cada habitante tiene una cartilla con la que puede obtener una cierta cantidad de comida, de ropa, etc., definida de acuerdo a sus necesidades. Pero ni siquiera así las compras están garantizadas. Hay que afrontar colas delante de las tiendas, que se asaltan mucho antes de su apertura. Cada día hay carteles que anuncian desde primera hora de la mañana el agotamiento de existencias de ciertos productos básicos, como el pan o la carne. También escasean el carbón y la gasolina: a menudo, la población debe contentarse con calentar una sola habitación de su vivienda durante los duros inviernos de esos años de Ocupación, y reemplazar el automóvil por el tren, la bicicleta o simplemente ir a pie. También se necesitan cartillas para obtener ropa y zapatos, pero hay poca tela y cuero. Por esta razón, se recupera la ropa antigua y se arregla para hacer nueva, mientras que los zapatos desgastados se reparan colocando suelas de madera con clavos.

¿QUÉ CANTIDADES SE NECESITAN PARA SOBREVIVIR?

En 1943, en Francia, un adolescente recibe diariamente 30 gramos de carne, 7 gramos de queso y 150 gramos de patatas. En el año 2015, el mismo adolescente come 250 gramos de carne, 300 gramos de patatas y unos 40 gramos de queso. Evidentemente, las raciones suministradas durante la guerra son insuficientes, y es necesario encontrar soluciones para que el día a día sea más agradable. Así, los productos imposibles de encontrar se reemplazan por sucedáneos: la sacarina se utiliza como azúcar; el tupinambo y las rutabagas, antes reservadas al ganado, sustituyen a las verduras; y la cebada tostada o las bellotas sustituyen al café. Quienes tienen los medios recurren al mercado negro para obtener carne, productos lácteos, y ropa a precios desorbitados: hasta 600 francos por un kilo de mantequilla, cuyo precio oficial era de 79 francos antes de la guerra, o 110 francos para una docena de huevos vendidos oficialmente a 36 francos. Entre 1940 y 1944, el régimen de Vichy abre más de 1 millón de procesos verbales en el marco de la represión del mercado negro, que es la forma de delincuencia más extendida. Los infractores se exponen a tener que presentarse ante un tribunal correccional y se enfrentan a hasta dos años de prisión y a 100 000 francos de multa (Ley del 21 de octubre de 1940).

Pero vivir bajo el yugo alemán no implica solo pasar hambre, frío y sobrevivir a duras condiciones materiales, sino que también supone crecer en un clima de coacciones y alimentado por el miedo. Para vigilar a la población y limitar las actividades clandestinas vinculadas con la Resistencia, el toque de queda prohíbe las salidas nocturnas generalmente entre las diez de la noche y las seis de la mañana, y la circulación por ciertas zonas está estrictamente controlada y requiere un *ausweis* («identificación»). Está prohibida cualquier reunión y es frecuente pedirle a la población que se identifique. Se censuran los medios de comunicación y la cultura para convertirlos en herramientas de propaganda alemana. En julio de 1940, la radio francesa Radio París, que emite sus programas en toda Europa, es requisada por el ocupante, empujando a la BBC a que su emisión dirigida a Francia utilice el eslogan: «Radio París miente, Radio París miente, Radio París es alemana», antes de emitir un cierto número de mensajes codificados destinados a la Resistencia interna.

Así, el panorama resultante de la Ocupación alemana en Europa permite comprender la resistencia de una parte de la población. Los resistentes, que son poco numerosos debido al riesgo que corren, son hombres y mujeres de todas las edades, procedentes de diversos ámbitos sociales y con diversas sensibilidades políticas, filosóficas y religiosas.

ALGUNAS GRANDES FIGURAS DE LA RESISTENCIA

Charles de Gaulle

Charles de Gaulle, un general que participa en la batalla de Francia en mayo de 1940, se opone a cualquier tipo de paz con Alemania. Por lo tanto, cuando Pétain solicita el armisticio, de Gaulle decide exiliarse a Inglaterra para continuar la lucha. Es el autor del llamamiento del 18 de junio, y trabaja durante cuatro años en la unificación de los resistentes franceses. Su objetivo es que se reconozcan estos movimientos para que se conviertan en los representantes legítimos de Francia para los Aliados. En 1943, con la ayuda de Jean Moulin, crea en Francia el Consejo Nacional de la Resistencia, que reúne todos los movimientos resistentes, y coordina la lucha contra la ocupación nazi y el Gobierno de Vichy. Paralelamente, organiza la liberación del territorio nacional. También dota a la Francia libre de un Gobierno en el exilio, el Comité Nacional Francés, futuro Gobierno provisional de la República francesa durante la Liberación (junio de 1944-mayo 1945) que será reconocido por los Aliados. El 26 de agosto de 1944, durante la liberación de París, suscita la admiración del público cuando desciende por los Campos Elíseos y pronuncia su famosa frase: «¡París ultrajado! ¡París doblegado! ¡París martirizado! ¡Y sin embargo, París liberado!» ("25 de agosto de 1944 – Discurso del general De Gaulle en el Ayuntamiento de París". *Charles-de-gaulle.es*). El 3 de septiembre de 1944, llega a la cabeza del Gobierno provisional y contribuye a la restauración de la democracia en Francia.

Foto del regreso triunfal de De Gaulle a París, el 26 de agosto.

Jean Moulin

Después de haber sido destituido por el Gobierno de Vichy de su puesto de prefecto de Eure y Loir, Jean Moulin decide unirse por sus propios medios a la Francia libre en Londres en septiembre de 1941. Le recibe Charles de Gaulle, a quien informa del estado de la Resistencia en Francia y de sus necesidades financieras y materiales. Este último le envía a Lyon para unificar los movimientos de la Resistencia. Una vez ahí, logra poner en marcha una verdadera administración clandestina y se convierte en el principal intermediario entre la resistencia interior y el general De Gaulle, cuya autoridad hace reconocer. El 27 de mayo de 1943, organiza y preside el primer Consejo Nacional de la Resistencia, que reúne a los jefes de todos los grupos de la resistencia francesa. En junio del mismo año, es detenido en Caluire, en los alrededores de Lyon, y le llevan a la sede de la Gestapo. Es torturado y muere como consecuencia de sus heridas en el tren que le lleva a Alemania el 8 de julio de 1943. En el Panteón hay un cenotafio dedicado a su figura desde 1964, año de la celebración del 20.° aniversario de la Liberación de Francia.

EN POLONIA

Witold Pilecki

Al comienzo de la guerra, Witold Pilecki es un oficial del ejército polaco que lucha contra la Wehrmacht. Desde noviembre de 1939, crea una de las primeras organizaciones de resistencia en su país. Se deja capturar por los alemanes en las calles de Varsovia el 19 de septiembre de 1940 y enseguida es transferido al campo de concentración de Auschwitz. Su propósito es tanto recabar información sobre las actividades de los alemanes para transmitírsela a los resistentes polacos como organizar una red de resistencia en el propio interior del campo. Además, se las arregla para crear un radiotransmisor y hacer que lleguen medicamentos. También aprovecha su detención para inocular el tifus a miembros de las SS al infectarlos con piojos. En octubre de 1940, envía un primer informe a Varsovia, que en 1941 se le transmite al Gobierno británico con la esperanza de que los

Aliados lancen con paracaídas armas sobre Auschwitz. En abril de 1943, comprendiendo que no tendrá lugar ninguna intervención, decide escapar para convencer personalmente a sus superiores de atacar el campo. Pero el Armia Krajowa carece de efectivos suficientes. Después de la Liberación, luchará contra la dictadura establecida en su país por los soviéticos, que lo condenan a muerte y lo fusilan en 1948.

¿Sabías que...?

En la época, los Aliados consideran que el informe de Pilecki es exagerado. Los británicos no creen que existan cámaras de gas y ni que haya millones de víctimas, como afirma Pilecki. Según ellos, se trata de una exageración del Gobierno polaco exiliado en Londres mediante la que quieren obtener un apoyo más activo de los Aliados. Hay que esperar hasta el final de la Guerra Fría (1990) para que este molesto informe para los Aliados se convierta en un libro en Polonia, a los años setenta para que se traduzca al inglés, y al 2014 para que se haga lo propio al francés. El informe no se ha traducido al español. Hoy en día no hay ninguna duda sobre la veracidad del mismo, ya que otras fuentes y los trabajos de historiadores del museo de Auschwitz lo corroboran.

EN ALEMANIA

Libertas Schulze-Boysen

Libertas Schulze-Boysen es la esposa del teniente Harro Schulze-Boysen (1909-1942), empleado en el Ministerio de Aeronáutica, que junto con el asesor científico del Gobierno Arvid Harnack (1901-1942) forma una organización que reagrupa a un centenar de detractores del III Reich y de la guerra. Aprovechando su trabajo en el Ministerio para la Ilustración Pública y la Propaganda, reúne información sobre los crímenes de guerra nazis con el fin de informar a la población alemana a través de folletos y carteles. A partir de 1941 mantiene una relación con un agente soviético, y la pareja le pasa a la URSS una gran cantidad de datos, entre ellos el proyecto del inminente ataque al país por parte de la Wehrmacht. A finales de 1942, la organización es desmantelada por la Gestapo, que le atribuye el nombre de «Rote Kapelle» («Orquesta Roja» o «Capilla Roja»). Como consecuencia, Libertas, su marido y otras 50 personas son condenados a muerte y ejecutados en Berlín.

¿SABÍAS QUE...?

Durante mucho tiempo, las mujeres han sido las grandes olvidadas en la historiografía de la Resistencia. En Francia, solo se cuentan 6 mujeres entre los 1059 compañeros de la Liberación. Hay que esperar hasta 1975, a raíz de la ola feminista, para que se les dedique una conferencia, organizada por la Unión de Mujeres Francesas, en la que se valora su actuación en la resistencia diaria: son secretarias, enfermeras, oficiales de enlace y aviadoras o líderes de redes para algunos, y las que ofrecen alojamiento y comida, las que esconden y aprovisionan clandestinamente a los perseguidos.

LA RESISTENCIA

Durante la guerra, la mayoría de los Estados europeos se descomponen, y las instituciones desaparecen una detrás de otra. Desgraciadamente, para salir del callejón sin salida no pueden contar con una tradición de resistencia, excepto Polonia, que se beneficia de una antigua herencia de lucha nacional y, en cierta medida, Bélgica y el norte de Francia, que fueron ocupados durante la Gran Guerra. Los que deciden participar en la Resistencia al principio se encuentran aislados, pero a medida que pasa el tiempo terminan por organizarse.

LAS DIFERENTES FORMAS DE RESISTENCIA

La Resistencia gira en torno a tres principales modos de acción. Por una parte, una resistencia civil en la que las personas manifiestan su rechazo a la ocupación de su país. Esta acción puede ser individual, como escuchar emisoras de radio que retransmiten desde Londres o realizar contrapropaganda (hacer pintadas, estropear los carteles nazis y colaboracionistas, fabricar y difundir publicaciones clandestinas en forma de folletos, escribir en periódicos, dibujar caricaturas, o incluso no acatar las órdenes procedentes de la administración).

EL PAPEL DE LA RADIO EN LA RESISTENCIA CIVIL

Radio Londres, que retransmite programas de la BBC en francés, se emite a partir del 19 de junio de 1940 y alienta a la insurrección contra el ocupante. El programa es escuchado de manera masiva enseguida, y esto a pesar de las graves sanciones que conlleva hacerlo y que pueden ir desde la incautación administrativa de las radios hasta multas de 200 a 10 000 francos, pasando por la cárcel o la deportación. Para evitar ser descubiertos, los oyentes deben ser prudentes cuando escuchan los mensajes y, cuando estos se acaban, esconden los aparatos tras un tabique, en un armario, en una estufa, etc.

En 1941, tras la derrota de la ofensiva aérea alemana contra Inglaterra, un locutor de la radio clandestina del Gobierno belga en exilio en Londres le propone a sus compatriotas dibujar en las paredes una V de Victoria, símbolo de adhesión al aliado inglés. La idea es un éxito: las ciudades de Bélgica, Francia y después de toda Europa se llenan con este símbolo, algo que irrita a los Gobiernos colaboradores y a los alemanes, que quieren castigar a los autores.

AVIS IMPORTANT.

PENDANT la nuit de Samedi à Dimanche les 28 et 29 Juin 1941 un écriteau militaire allemand fut défiguré et la lettre " V " et autres écrits furent peint sur certaines maisons ainsi que sur des murs et dans la route dans le district du Rouge Bouillon, en la paroisse de St. Hélier.

Nous avons été informés par le Commandant d'Etape que cela constituait de sérieux actes de sabotage et à moins que le ou les coupables se présentent ou soient découverts avant midi demain (Jeudi) le 3 Juillet 1941, les sanctions suivantes seront imposées par le Commandant d'Etapes :

1. Les habitants du district sont appelés à fournir une garde civile de nuit pour éviter le renouvellement de pareils actes.

2. Tous les appareils de radiophonie appartenant aux occupants de ce district seront confisqués, et

3. Une amende sera imposée sur les habitants du district.

Le district affecté est cette portion urbaine des paroisses de St. Hélier et St. Sauveur, située approximativement au Nord de Roussel Street, Great Union Road, Windsor Road, Val Plaisant à Victoria Street, puis Victoria Street, Stopford et St. Saviour's Road.

Ceux pouvant donner des informations qui permettront de découvrir le ou les auteurs des actes en question sont requis de communiquer immédiatement avec le Connétable de St. Hélier ou le Chef de Police de St. Sauveur.

C. W. DURET AUBIN,
Procureur-Général,

C. J. CUMING,
Connétable de St. Hélier.

G. J. MOURANT,
Chef de Police de St. Sauveur.

St. Hélier,
Ce 1er Juillet 1941.

Comunicado que anuncia las medidas adoptadas para poner fin a esta campaña de resistencia en el distrito Rouge Bouillon, el 1 de julio de 1941.

Esta resistencia también puede ser colectiva y adoptar la forma de manifestaciones en lugares públicos con fines patrióticos y de desobediencia civil. El 14 de julio de 1942, en varias grandes ciudades francesas de la zona no ocupada (Lyon, Marsella, Toulouse, Grenoble, etc.), miles de personas marchan frente a los monumentos a los caídos y por las plazas enarbolando la bandera tricolor al son de la Marsellesa. El 30 de abril y el 1 de mayo de 1943, 500 000 neerlandeses entran en huelga contra el servicio de trabajo obligatorio, lo que permite que 300 000 hombres se libren de la medida.

También existe una resistencia organizada en red, en un principio orientada a la inteligencia militar y a las rutas de escape y, más tarde, a la lucha armada. Desde Londres, los ingleses y los Gobiernos exiliados envían agentes para reclutar a voluntarios en los países ocupados con el fin de recabar información sobre el enemigo. Los polacos, entre los que el número de reclutados supera el millón, se muestran particularmente eficaces en este sentido: entre 1939 y 1945, son los autores de más de la mitad de los informes que llegan a Londres, y es gracias a ellos que en 1942 se enteran de la existencia de los misiles alemanes V1, que serán utilizados contra Reino Unido entre junio de 1944 y marzo de 1945. Además de la inteligencia militar, la necesidad de organizar rutas de escape se impone a partir del mes de septiembre de 1939. Andrée De Jongh (resistente belga, 1916-2007) está detrás de la red Comète, que desde 1941 hasta la Liberación, permite que escapen o que puedan ocultarse más de 700 voluntarios de guerra, resistentes y soldados aliados, entre ellos 288 aviadores. Al mismo tiempo, Europa ve cómo se multiplican los sabotajes y los atentados: se dinamitan vías férreas, puentes, carreteras, y también se llevan a cabo acciones en las fábricas para ralentizar la producción o deteriorar las mercancías destinadas al ocupante, además de ejecutar a oficiales nazis. Todo eso se realiza a pesar de la represión, intensificada especialmente con la aplicación de la política de los rehenes: un atentado contra el ocupante conduce a la ejecución masiva de civiles. En la noche del 1 al 2 de abril de 1944, un sabotaje ferroviario para un tren que transporta al batallón de una división blindada de las SS en Ascq (norte de Francia). Solo hay daños materiales, pero el jefe de batallón ordena una batida y la ejecución de 86 civiles de la localidad. La conmoción es enorme y reactiva la controversia sobre la eficacia de este tipo de acciones, que hace que una parte de los resistentes prefieran la espera.

Finalmente, existe una resistencia que se puede llamar humanitaria, cuya misión principal es ayudar a las víctimas de la represión y la persecución nazi y colaboracionista. Está destinada especialmente a los prisioneros de guerra que han escapado y a los que se niegan a realizar el servicio de trabajo obligatorio, pero también a los judíos, cuya situación es dramática.

Al este, en Polonia y especialmente en las zonas urbanas, los alemanes despojan en 1940 a los judíos de sus bienes, los agrupan en guetos, siendo el más tristemente conocido el de Varsovia, y los someten a trabajos forzados en las industrias armamentísticas. Después de la Conferencia de Wannsee (20 de enero de 1942), celebrada en Berlín, se organiza su aniquilación sistemática: se construyen seis campos de exterminio (Auschwitz, Belzec, Chelmno, Majdanek, Sobibor y Treblinka) en el territorio polaco para hacer desaparecer a millones de judíos polacos y de otros países europeos. Se calcula que en ellos se exterminó al 89,5 % de la población judía polaca.

Foto de prisioneros judíos esclavizados en el campo de Buchenwald tomada durante la Liberación, el 16 de abril de 1945.

Al oeste, los alemanes y los Gobiernos colaboradores adoptan políticas discriminatorias. Se obliga a los judíos a censarse (lo que más tarde facilitará las batidas y las deportaciones), se les prohíbe trabajar en ciertos sectores considerados como sensibles (la prensa, la función pública, la enseñanza, la sanidad, etc.) y frecuentar una serie de lugares públicos, y además se les obliga a llevar un signo distintivo (la estrella amarilla).

Foto de una batida durante el levantamiento del gueto de Varsovia.

Los resistentes intervienen ofreciéndoles alojamiento, escondites, dinero, ropa o cartillas de alimentación. Además, se crean laboratorios de documentación falsa, algunos sacerdotes se ofrecen para expedir certificados de bautismo falsos y miles de niños son acogidos por familias no judías. También se establecen rutas de escape a países vecinos, como Suiza o España. Esta ayuda moviliza a mucha gente, incluyendo a las Iglesias cristiana, católica y protestante, que se involucran en gran medida en este esfuerzo de rescate y que incluso protestan en público contra la persecución. En julio de 1942, los obispos católicos y los líderes protestantes de los Países Bajos envían al comisario del Reich (representante de la autoridad nazi en los Países Bajos) un telegrama en el que denuncian «el trato injusto y despiadado reservado a los judíos»[2] (De Montclos 1983). A continuación, el texto se lee en las iglesias y en los templos. Como represalia, el comisario ordena la detención y la deportación de los judíos convertidos al catolicismo y endurece las condiciones de vida de los neerlandeses —hasta ese momento, había pensado que podría hacer que estos últimos se adhirieran a las ideas nazis.

Cada resistencia nacional presenta unas características específicas dependiendo de la situación del país, de las condiciones de la Ocupación y de la ayuda proporcionada por los Aliados, que generalmente es limitada. De hecho, estos no reconocen hasta mucho después que los movimientos de resistencia son una fuerza real en la lucha contra Alemania. A menudo muestran desconfianza y desprecio hacia estos hombres armados que no tienen una legitimidad real. Por otra parte, hay divisiones dentro de la resistencia nacional: comunistas y no comunistas, o los que abogan por la acción directa armada y los que favorecen la inteligencia militar, la propaganda o la huida a la espera de la intervención de las tropas aliadas. Todo esto no facilita de ninguna forma la acción sobre el terreno. En Yugoslavia, estas oposiciones políticas, ideológicas y étnicas conducen a la guerra civil entre los resistentes chetniks de Draza Mihajlovic (militar serbio, 1893-1946), serbios y monárquicos, y los partidarios de Tito (hombre político y militar yugoslavo, 1892-1980), comunistas y yugoslavos.

---

2. Cita traducida por 50Minutos.es

LA RESISTENCIA EN POLONIA

El que Polonia sea responsable de la mayor organización de resistencia clandestina, el Armia Krajowa, se debe a que el pueblo polaco se ha rebelado en varias ocasiones a lo largo de su historia, sobre todo tras las divisiones de su territorio en el siglo XVIII, por lo que el sentimiento nacionalista y patriótico está particularmente desarrollado. Este ejército interno, formado por el Gobierno polaco en exilio en Francia y luego en Londres, tiene como objetivo liberar al país. Efectivo entre septiembre de 1939 y enero de 1945, cuenta con entre 50 000 y 350 000 resistentes repartidos en 60 ramas regionales.

A pesar de que le cuesta hacerse con armas y equipamiento (solo algunas decenas de miles de resistentes están armados), logra poner en marcha un intenso sabotaje económico y militar: emprende miles de incursiones y sabotea cientos de equipos ferroviarios; tampoco duda en atacar directamente a la Wehrmacht. Entre las principales operaciones militares se incluye el levantamiento de Varsovia, que tiene lugar del 1 de agosto al 2 de octubre de 1944. Durante este episodio, 46 000 resistentes y 200 000 civiles simpatizantes se alzan contra los ocupantes alemanes en el marco del plan militar nacional «Burza» (operación «Tormenta» en español), cuyo objetivo es preservar la soberanía del país ante el avance del Ejército Rojo. Después de 63 días de feroces batallas en las calles, el levantamiento es finalmente aplastado por los regimientos de las SS, y mueren 18 000 combatientes de la resistencia polaca y 150 000 civiles. A estas cifras hay que sumar los 25 000 heridos y los 350 000 varsovianos que siguen vivos y que son deportados. Además, cerca del 85 % de la ciudad es arrasada. El Armia Krajowa también realiza una intensa propaganda y establece una verdadera red de inteligencia militar.

Junto a la resistencia militar, el Gobierno polaco en el exilio en Londres organiza y apoya financieramente una resistencia cultural. A partir de 1942 hay profesores que crean grupos de educación clandestinos, los *komplety*, para resistir a la voluntad nazi de exterminio de la cultura polaca. De esta forma, cerca de dos millones de estudiantes se beneficiarán de una educación que va desde el nivel de primaria hasta clases universitarias, y esto a pesar del riesgo de deportación y de muerte al que incurren profesores y estudiantes.

LA RESISTENCIA EN FRANCIA

Francia presenta una particularidad. El conjunto del territorio francés, que se encuentra dividido entre un área ocupada por los alemanes (la mitad norte y la costa atlántica) y una zona libre (la mitad sur), es gobernado por el mariscal Pétain, que practica una política de colaboración con los nazis. Como consecuencia, los resistentes luchan tanto contra el ocupante alemán como contra el régimen de Vichy.

Los movimientos, al principio bastante poco desarrollados, se expanden y se estructuran a favor de acontecimientos que impulsan y fortalecen el compromiso de un mayor número de personas, como la invasión de la URSS por la Alemania nazi (junio de 1941), que refuerza la determinación de la resistencia comunista, o el establecimiento del servicio de trabajo obligatorio en Francia (septiembre de 1942), que lleva a muchos refractarios a entrar en la Resistencia para escapar de esta medida.

En ambas zonas, surgen los grupos Combate, Francotirador, Liberación del Norte, Ceux de la Résistance, o el Frente Nacional de Lucha por la Independencia de Francia, por citar solo los más conocidos —los historiadores habrían identificado 268, de los cuales muchos siguen siendo grandes desconocidos. En 1943, gracias al trabajo de De Gaulle y de Jean Moulin, la resistencia interna se unifica en un Consejo Nacional de la Resistencia (CNR), que reúne a representantes de los movimientos de las dos áreas, de partidos políticos y de sindicatos. El Consejo se dota de un programa aprobado el 15 de marzo de 1945, que incluye un plan de acción inmediata para liberar el territorio y las medidas que deben aplicarse después de la Liberación para restaurar la legalidad republicana (la democracia, el sufragio universal, la libertad de prensa, etc.) y promover profundas reformas de orden económico y social.

LA RESISTENCIA EN ALEMANIA

La resistencia interna al nazismo, desconocida durante mucho tiempo fuera de Alemania, se refiere a un puñado de individuos, desarmados y aislados, que actúan en una sociedad nazificada en la que se silencia cualquier intento de oposición. Desde 1933, fecha de la llegada al poder de Hitler, se encierra a 700 000 alemanes considerados opositores al régimen en campos de concentración. Estos resistentes se encuentran, sobre todo, en los círculos comunista, socialista y cristiano. Destaca la intervención de las Iglesias católica y protestante, que obliga a los nazis, al menos oficialmente, a abandonar el programa «Aktion T4». El 9 de julio de 1940, el pastor protestante Theophil Wurm (1868-1953) envía una carta al ministro del Interior nazi para condenar este «programa ilegal e inmoral de asesinatos en masa»[3] (Kershaw 2008).

También se puede evocar a la Rosa Blanca, una organización muy activa a pesar de que el núcleo está formado por solo cinco estudiantes de Múnich, entre ellos una joven, Sophie Scholl. Todos son decapitados por haber escrito y distribuido folletos dirigidos a despertar la conciencia colectiva alemana sobre el régimen nazi.

---

3. Cita traducida por 50Minutos.es

LA CUESTIÓN DE LA COLABORACIÓN

Al igual que existen muchas formas de resistencia, existen también muchos tipos de colaboración. En primer lugar están los colaboracionistas que cooperan plenamente con el ocupante nazi, adoptan sus principios y su ideal y desean su victoria: es el caso de la Noruega de Quisling (ministro presidente del Gobierno de colaboración noruego, 1887-1945), de la Hungría de Horthy (almirante, regente del Reino de Hungría aliado de Alemania, 1868-1957) o de partidos políticos como el de León Degrelle (hombre político belga, 1906-1994) en Valonia. Al lado de estos hay países colaboradores que optan por cooperar militar y económicamente con los ocupantes nazis, pero sin adherirse a todos los aspectos de su ideología, y con el fin de preservar los intereses de su país. Esto es particularmente cierto en el Gobierno francés de Vichy. Otros, como los Países Bajos y Bélgica, cuyos Gobiernos se han refugiado en Londres, practican una colaboración neutra, es decir, que los Gobiernos se resignan a trabajar con Alemania porque no pueden no hacerlo, pero no comparten los principios políticos e ideológicos del nacionalsocialismo.

La población civil, a título personal, también puede optar por ponerse al servicio del ocupante, ya sea por convicción o por ambición. Por lo tanto, se llama «colaboración diaria» a las relaciones personales cordiales mantenidas con los alemanes, al envío de cartas de denuncia a la policía o a la Gestapo (no menos de 2700 cartas al día de media en Francia), a los empresarios, que solicitan pedidos del enemigo, a las relaciones profesionales o amorosas con soldados alemanes, etc.

¿Sabías que...?

Acusadas con o sin razón de colaboración con los ocupantes alemanes, entre 20 000 y 40 000 mujeres fueron rapadas en Francia entre 1944 y finales de 1945. Ya fuera la llamada colaboración «horizontal» (que se refiere a las relaciones carnales entre nazis y algunas mujeres) o una cooperación más tradicional (delaciones, espionaje, participación en diversas operaciones, etc.), las culpables sufrían el mismo humillante castigo: el rapado. Se trata de verdaderas puestas en escena bajo los abucheos de una multitud encendida frente a un lugar de representación republicana, el ayuntamiento o la prefectura. Después, las mujeres podían ser exhibidas por el pueblo o la ciudad. Según los historiadores, entre 100 000 y 200 000 niños habrían nacido de una relación entre una mujer francesa y un soldado alemán.

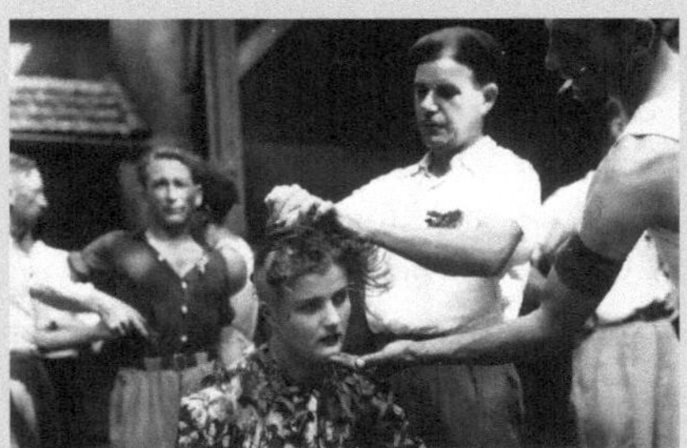

Foto de una mujer que está siendo rapada en Montélimar, en agosto de 1944.

LA REPRESIÓN DE LA RESISTENCIA

UN SEVERO CASTIGO

Cualquier persona que participe en la Resistencia vive con el temor constante de ser identificada, detenida, torturada, encarcelada, deportada o ejecutada. Pero también está en manos de los resistentes el destino de su organización: en caso de detención, esta puede caer. Todo el mundo debe estar alerta porque en las organizaciones se pueden infiltrar espías nazis. En 1943, en la red francesa de inteligencia de la Alliance, que contaba con 3000 miembros, se infiltró un agente de la Abwher (servicio de inteligencia del Estado Mayor alemán). Después de esto, 1000 personas fueron detenidas, 413 fueron deportadas o ejecutadas, de modo que después de la batida se quedaron con solo 80 agentes. En la mayoría de los países europeos, los actos de resistencia se reprimen rápidamente por el ocupante para mantener el orden. Se ataca principalmente a dos tipos de acción: la inteligencia y la lucha armada. Para ello, los alemanes pueden contar con la ayuda de algunos Gobiernos que han optado por colaborar.

En este sentido, el régimen de Vichy toma la decisión de cooperar policialmente, lo que va más allá de lo previsto por el armisticio, esperando así lograr que el país tenga una mejor posición en la Europa alemana. En el marco de la represión trabajan 113 000 policías y gendarmes, junto con 150 000 milicianos. Esta cooperación se formaliza en agosto de 1942 con la firma de los acuerdos Oberg-Bousquet. Aunque inicialmente la represión es esencialmente judicial, el aumento de los movimientos de resistencia desde el verano de 1941 conduce a una radicalización de la represión con el aumento de detenciones y condenas a muerte, a la sistematización de la deportación judicial y a la práctica de la política de toma de rehenes junto a los nazis.

Además, el ocupante también realiza una represión económica, más insidiosa y más temible aún que la represión física debido a su capacidad para agotar a la población civil. Consiste en socavar cualquier atisbo de resistencia civil: se suspende el pago de salarios o se despide al personal para acabar con las huelgas, o incluso se organiza una hambruna. De esta manera, las personas se agotan gradualmente y se centran exclusivamente en la búsqueda de alimentos, en lugar de tomar medidas contra los invasores.

PÉRDIDAS TRÁGICAS A CAMBIO DE UN RESULTADO MODERADO

Cuando la guerra termina en 1945, el número de víctimas entre los resistentes es elevado. En Polonia han muerto 100 000 hombres, mientras que 50 000 han sido encarcelados en campos. En Francia, 20 000 personas han muerto en la batalla, 30 000 han sido asesinadas y más de 60 000 han sido deportadas, de entre los que casi la mitad muere en los campos.

70 años después de la Liberación, las opiniones en cuanto a los resultados atribuidos a la acción de los resistentes están divididas. Mientras que para los participantes y para algunos historiadores el sacrificio no fue en vano, ya que

ayudó a acelerar la liberación de Europa al favorecer el progreso de la pesada maquinaria de guerra a través de la búsqueda de información o de la organización de sabotajes, otros consideran que el resultado de esta acción debe relativizarse dado el número de personas que se sacrificaron para lograr resultados a veces insignificantes. Sin embargo, independientemente de la evaluación de la eficacia militar de la Resistencia, que carecía de un armamento suficiente como para lograr victorias, el registro de su acción política es considerado positivo de forma unánime en dos países. En Francia, los resistentes participan activamente en la organización del desembarco de Normandía, en especial gracias a la información proporcionada a los Aliados sobre el dispositivo alemán situado a lo largo de la costa atlántica. También desempeñan un papel decisivo en la liberación de París. Finalmente, logran unir a la población para que no ceda a las tentaciones de la guerra civil y ocupan un papel principal en la restauración de la República y en la renovación de la política francesa. En Yugoslavia, la resistencia comunista dirigida por Tito logra liberar al país sin el apoyo de los Aliados y del Ejército Rojo. Respaldados por esta victoria y con el apoyo de la población, establecen en el mes de noviembre de 1945 un Estado comunista bajo el nombre de República Federativa Socialista de Yugoslavia.

También se puede evocar en este balance a los contactos transnacionales establecidos durante la guerra entre varios movimientos de resistencia que dan como resultado, el 20 de mayo de 1944, a la adopción en Ginebra de un Manifiesto de la Resistencia europea. Este texto prevé la creación de una unión federal entre los pueblos europeos: su finalidad es garantizar la paz y permitir la reconstrucción económica, poniendo fin a los nacionalismos y al proteccionismo de la preguerra. Por desgracia, este manifiesto no tendrá ningún resultado concreto.

Pero lo cierto es que se puede considerar que estos hombres y mujeres, que lucharon para tratar de detener las muchas injusticias que surgen durante la Ocupación y la barbarie perpetrada por los nazis, pueden considerarse verdaderos héroes.

EN RESUMEN

- El 1 de septiembre de 1939 Alemania invade Polonia, provocando el estallido de la guerra entre Francia y Reino Unido contra los países del Eje.
- Durante los primeros meses de la guerra, el ejército alemán parece invencible: invade Dinamarca, Noruega, Luxemburgo, Bélgica, los Países Bajos, Francia, Egipto, Yugoslavia y Grecia, antes de volverse contra su aliado, la Unión Soviética.
- Entonces, los países invadidos son ocupados por los alemanes, que le imponen a la población condiciones de vida especialmente difíciles, marcadas por la escasez y el miedo.
- Los Gobiernos de estos países tienen dos opciones: colaborar con el enemigo, que es lo que elige Pétain, o resistir.
- Muy pronto, nacen por toda Europa diversas formas de resistencia civil o redes organizadas que con el paso del tiempo se unirán bajo la dirección de personalidades carismáticas como Charles de Gaulle y Jean Moulin en Francia.
- Su acción, ya sea individual o bien en forma de agrupaciones populares, ya sea humanitaria u orientada a la enseñanza o a la lucha armada, les expone a una fuerte represión por parte del ocupante alemán y de los Gobiernos de colaboración.
- Cualquier persona que participe en la Resistencia vive con el constante temor de ser identificada, detenida, torturada, encarcelada, deportada o ejecutada, pero también de hacer caer a su red.

- A día de hoy, las opiniones todavía siguen divididas en cuanto a los resultados atribuidos a la acción de los resistentes. Mientras algunos consideran que contribuyeron al éxito de varias acciones emprendidas por los Aliados y permitieron el restablecimiento de los valores democráticos, para otros las pérdidas son demasiado importantes en comparación con la poca repercusión de sus acciones. Pero lo cierto es que estas personas lucharon arriesgando sus vidas para preservar la libertad.

FUENTES BIBLIOGRÁFICAS

- Charles-de-Gaulle.org, "1940-1944. La Seconde Guerre mondiale: l'appel du 18 juin". Consultado el 13 de diciembre de 2016. http://www.charles-de-gaulle.org/pages/l-homme/dossiers-thematiques/1940-1944-la-seconde-guerre-mondiale/l-appel-du-18-juin/documents/l-appel-du-18-juin-1940.php
- Charles-de-Gaulle.org, "25 de agosto de 1944 – Discurso del general De Gaulle en el Ayuntamiento de Paris". Consultado el 13 de diciembre de 2016. http://www.charles-de-gaulle.es/25-de-agosto-de-1944-discurso-pronunciado-en-el-ayuntamiento-de-paris.html
- Bédarida, François. 1986. "L'histoire de la Résistance. Lectures d'hier, chantiers de demain". *Vingtième Siècle*. Julio-septiembre.
- Burrin, Philippe. 1997. *La France à l'heure allemande. 1940-1944*. París: Seuil, colección *Points Histoire*.
- De Rochebrune, Renaud y Jean-Claude Hazera. 1995. *Les patrons sous l'occupation*. París: Odile.
- Douzou, Laurent. 2010. *La Résistance. Une morale en action*. París: Gallimard, colección *Découvertes*.
- Durand, Yves. 1997. *Histoire générale de la Seconde Guerre mondiale*. Bruselas: Complexe.
- Jacquemyns, Guillaume y Paul Struye. 2002. *La Belgique sous l'occupation allemande (1940-1944)*. Bruselas: Complexe.
- Jiménez Barca, Antonio. 2007. "Siempre nos quedará De Gaulle". *El País*. 18 de junio. Consultado el 12 de

diciembre de 2016. http://elpais.com/diario/2010/06/18/
internacional/1276812007_850215.html
- Michel, Henri. 1970. *La guerre de l'ombre. La Résistance en Europe*. París: Grasset.
- Rings, Werner. 1982. *Life With the Enemy: Collaboration and Resistance in Hitler's Europe 1939-1945*. Londres: Weidenfeld and Nicolson.
- Rousso, Henri. 1992. *Les années noires. Vivre sous l'occupation*. París: Gallimard, colección *Découvertes*.
- Semelin, Jacques. 1998. *Sans armes face à Hitler. La résistance civile en Europe. 1939-1943*. París: Payot.
- Wyrwa, Tadeusz. 1983. *La Résistance polonaise et la politique en Europe*. París: Éditions France Empire.

FUENTES ICONOGRÁFICAS

- Foto de tropas alemanas entrando en Praga en 1939. La imagen reproducida está libre de derechos.
- El llamamiento del 18 de junio. La imagen reproducida está libre de derechos.
- Foto del regreso triunfal de De Gaulle a París, el 26 de agosto. La imagen reproducida está libre de derechos.
- Comunicado que anuncia las medidas adoptadas para poner fin a esta campaña de resistencia en el distrito Rouge Bouillon, el 1 de julio de 1941. La imagen reproducida está libre de derechos.
- Foto de prisioneros judíos esclavizados en el campo de Buchenwald tomada durante la Liberación, el 16 de abril de 1945. La imagen reproducida está libre de derechos.
- Foto de una batida durante el levantamiento del gueto de Varsovia. La imagen reproducida está libre de

derechos.

- Foto de una mujer que está siendo rapada en Montélimar, en agosto de 1944. La imagen reproducida está libre de derechos.